EINZIGARTIGE GEDANKEN FÜR GUTE

Beziehungen

Zitate von Mary Baker Eddy

EINZIGARTIGE GEDANKEN FÜR GUTE

Beziehungen

Zitate von Mary Baker Eddy

THE WRITINGS OF **MaryBakerEddy**

BOSTON

English Edition
Compilation and new material © 2002 The Writings of Mary Baker Eddy
Translated quotations courtesy of The Mary Baker Eddy Collection
All rights reserved

German Edition
© 2003 The Writings of Mary Baker Eddy
Verwendung der Zitate von Mary Baker Eddy mit Erlaubnis von The Mary Baker Eddy Collection
Alle Rechte vorbehalten

Gedruckt in den Vereinigten Staaten von Amerika

Redaktionsleiter: Penelope Cameron
Zusammengestellt von: F. Lynne Bachleda
Grafische Gestaltung von pressley jacobs: eine Design-Partnerschaft

ISBN 0-87952-288-7

Library of Congress Catalog Card Number 2002113910

Inhaltsverzeichnis

Vorwort

DIE BEZIEHUNG ZU UNS SELBST

10

DIE BEZIEHUNG ZU ANDEREN

34

DIE BEZIEHUNG ZUR ARBEIT

60

DIE BEZIEHUNG ZUR WELT

74

DIE BEZIEHUNG ZU GOTT

94

Vorwort

Unsere Beziehungen prägen uns, so wie wir sie prägen. Unsere Selbstgespräche, das Miteinander zu Hause, bei der Arbeit, in der Welt — unsere Verbundenheit mit Gott — bilden den Hintergrund unserer Lebensreise. Dieses Buch, das sowohl zur Selbstbesinnung als auch zur Diskussion anregen will, ist eine Quelle von Inspiration, Trost und Ermutigung für alle Lebensbeziehungen.

Mary Baker Eddy, aus deren Werken die Zitate in diesem Buch stammen, ist vielen ein Mentor und Ratgeber gewesen. Ihre Weisheit gründet sich auf reiche Lebenserfahrung. Wenn wir uns in Not befinden, spricht sie uns Mut zu und stärkt und tröstet uns durch geistiges Verständnis. Ihr Mitgefühl und die Liebe, die die Triebkraft ihres Wirkens war, weisen auf die Verbundenheit mit Gott hin, die uns allen eigen ist.

Die Weisheit, das Mitgefühl und die Ermutigung der Worte Mary Baker Eddys entsprangen ihrer lebenslangen spirituellen Suche und ihrer liebevollen Fürsorge für die Mitmenschen. Ihre Kindheit in der ersten Hälfte des

9. Jahrhunderts war gekennzeichnet durch die tiefe Liebe einer frommen Mutter, die manchmal unerbittliche Glaubenslehre eines strengen Vaters und einen starken Glauben an Gottes Gegenwart. Mary hatte einen aktiven Kreis von Freunden, älteren Geschwistern und vielen Verehrern. Selbst angesichts der gesellschaftlichen Schranken, denen sich alle Frauen zu jener Zeit gegenübersahen, stand ihr eine verheißungsvolle Zukunft bevor.

Doch die Umstände waren ihr nicht freundlich gesinnt. Der frühe Tod ihres Lieblingsbruders, ihrer geliebten Mutter und ihres Mannes und ihre schlechte Gesundheit und finanziellen Nöte brachten Mary im Erwachsenenalter Sorgen, Schwächlichkeit und Isolierung. Doch sie gab ihren Gottesglauben nie auf. Als sie lebensgefährliche Verletzungen erlitt und sich in tiefster Not befand, machte sie eine Entdeckung, die ihr Leben umwandelte. Durch ihre Gebete erlangte sie eine geistige Klarheit, die sie körperlich heilte und sie aus der Isolierung zu einer universalen Vision führte. Sie entdeckte das geistige Gesetz von Gottes absoluter, unerschütterlicher Liebe.

Die Macht dieser Entdeckung und Mary Baker Eddys natürliche Liebe zur ganzen Menschheit veranlassten sie, weit über ihren unmittelbaren Umkreis hinauszudenken. Schon bald begann sie ihr Wissen von Gott durch Heilen, Schreiben, Publizieren und Unterrichten an andere weiterzugeben. Es war eine Mission, die 44 Jahre andauern sollte. Sie schrieb ein Buch über ihre Entdeckung, nämlich *Wissenschaft und Gesundheit mit Schlüssel zur Heiligen Schrift,* dem viele Zitate in diesem Band entnommen sind. Millionen Menschen rund um die Welt haben dieses Buch gelesen und sind von seinen Ideen berührt und geheilt worden.

Wenn Sie in diesen Seiten blättern, nehmen Sie sich die Zeit ganz auszuschöpfen, was sie darin finden. Die Gedanken werden Sie faszinieren, bewegen und trösten. Für diejenigen, die Mary Baker Eddy bereits kennen, wird es eine stille Wiederbegegnung mit einem vertrauten Freund sein, dessen Gedanken sie immer wieder inspirieren. Diejenigen, die mit dieser bemerkenswerten Autorin, Lehrerin und Heilerin zum ersten Mal Bekanntschaft machen, werden Arm in Arm mit ihr auf eine inspirierende Entdeckungsreise gehen.

KAPITEL 1

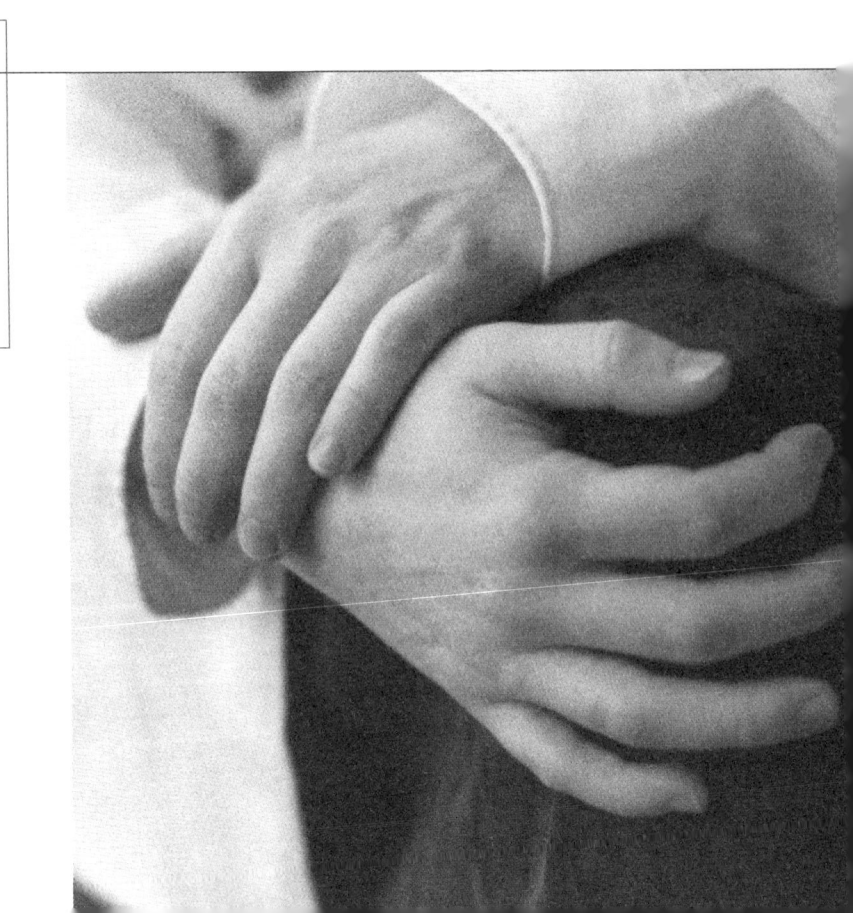

EINZIGARTIGE GEDANKEN FÜR GUTE BEZIEHUNGEN: Zitate von Mary Baker Eddy

DIE BEZIEHUNG ZU UNS

Selbst

Was wir lieben, bestimmt, was wir sind.

DIE ERSTE KIRCHE CHRISTI, WISSENSCHAFTLER, UND VERSCHIEDENES

Du bist nicht allein. Die LIEBE ist bei dir
und wacht Tag und Nacht zärtlich über dir,
und diese LIEBE wird dich nicht verlassen,
sondern wird dich erhalten und an alle deine
Tränen denken und deine Gebete erhören.

THE MARY BAKER EDDY COLLECTION

Wir haben nichts zu fürchten,
wenn LIEBE am Steuer des Denkens ist,
vielmehr werden wir uns aller Dinge
auf Erden und im Himmel erfreuen.

VERMISCHTE SCHRIFTEN 1883–1896

Wer den Verlust menschlichen Friedens erfahren hat,
spürt der nicht ein stärkeres Verlangen nach geistiger
Freude? Das Streben nach dem himmlischen Guten
kommt sogar schon bevor wir entdecken, was zu
Weisheit und LIEBE gehört. Der Verlust irdischer
Hoffnungen und Freuden macht für manches
Herz den aufsteigenden Pfad heller.

WISSENSCHAFT UND GESUNDHEIT MIT SCHLÜSSEL ZUR HEILIGEN SCHRIFT

Mögen Liebe und Frieden deine Schritte beflügeln ...

THE MARY BAKER EDDY COLLECTION

Halte das Denken ständig auf das
Dauernde, das Gute und das Wahre gerichtet
und du wirst dies alles in dem Verhältnis
erleben, wie es dein Denken beschäftigt.

WISSENSCHAFT UND GESUNDHEIT MIT SCHLÜSSEL ZUR HEILIGEN SCHRIFT

Das Leben nach Sonnenjahren zu bemessen
beraubt die Jugend und macht das Alter hässlich.

WISSENSCHAFT UND GESUNDHEIT MIT SCHLÜSSEL ZUR HEILIGEN SCHRIFT

Die uns völlig beanspruchende Beschäftigung
mit dem eigenen Körper, die alles absorbierende
Selbstsucht und Sinnlichkeit, die in jeder
Gesellschaftsform verwurzelt ist, zeigt eine enorme
Unwissenheit über das, was Glück ist und was
das wirkliche Sein ausmacht.

THE MARY BAKER EDDY COLLECTION

Alle unsere Träume von LEBEN in der Materie können
in Wahrheit niemals etwas an der Tatsache ändern,
dass unser Leben GEIST und unser Körper
harmonisch und schön ist.

THE MARY BAKER EDDY COLLECTION

Ihr bezeichnet eine Krankheit
als anstecked und ich bezeichne
Gesundheit als ansteckend.

THE MARY BAKER EDDY COLLECTION

Du umfasst deinen Körper in deinem Denken
und du solltest auf ihm Gedanken der Gesundheit
und nicht der Krankheit abbilden.

WISSENSCHAFT UND GESUNDHEIT MIT SCHLÜSSEL ZUR HEILIGEN SCHRIFT

Werde dir einen einzigen Augenblick bewusst,
dass LEBEN und Intelligenz rein geistig sind — weder in
noch von der Materie —, und der Körper wird keine
Beschwerden äußern. Wenn du glaubst, an einer
Krankheit zu leiden, wirst du plötzlich feststellen,
dass du gesund bist. Leid wird in Freude verwandelt,
wenn der Körper von geistigem LEBEN, von geistiger
WAHRHEIT und LIEBE, beherrscht wird.

WISSENSCHAFT UND GESUNDHEIT MIT SCHLÜSSEL ZUR HEILIGEN SCHRIFT

Wir sollten uns prüfen und herausfinden,
was die Neigung und Absicht unseres Herzens
ist, denn nur auf diese Weise können wir
erfahren, was wir wirklich sind.

WISSENSCHAFT UND GESUNDHEIT MIT SCHLÜSSEL ZUR HEILIGEN SCHRIFT

Wie ein Federbett muss das menschliche Herz oft, und manchmal unsanft, *aufgeschüttelt* und *gewendet* werden, sonst wird es hart und zu unbequem, um darauf zu ruhen.

VERMISCHTE SCHRIFTEN 1883–1896

Wir müssen im Gedanken vollkommene
Vorbilder formen und ständig auf sie schauen
oder wir werden sie niemals zu einem
großartigen und edlen Leben ausgestalten.

WISSENSCHAFT UND GESUNDHEIT MIT SCHLÜSSEL ZUR HEILIGEN SCHRIFT

Leben und leben lassen, ohne viel Geschrei nach Auszeichnung oder Anerkennung; der göttlichen LIEBE dienen; die Wahrheit obenan auf die Tafel seines Herzens schreiben — das spricht für einen gesunden Verstand und eine vollendete Lebensführung und ist mein menschliches Ideal.

BOTSCHAFT AN DIE MUTTERKIRCHE, 1902

Popularität, Selbstverherrlichung, alles,
was unsere Geistigkeit im Geringsten trüben kann,
muss abgelegt werden. Nur was das Herz mit
einer nicht auf das Weltliche gerichteten
Gesinnung nährt und erfüllt, kann Frieden und
Wohlwollen gegen die Menschen verleihen.

KANZEL UND PRESSE

Seid aufrichtig, seid euch selber treu
und treu gegen andere; und als Folge davon
werdet ihr stark sein in GOTT, dem ewigen Guten.

GRUNDZÜGE DER GÖTTLICHEN WISSENSCHAFT

> Rechte Motive geben dem Gedanken Schwingen
> und dem Reden und Handeln Stärke und Freiheit.
>
> *WISSENSCHAFT UND GESUNDHEIT MIT SCHLÜSSEL ZUR HEILIGEN SCHRIFT*

Das Sein ist Heiligkeit, Harmonie, Unsterblichkeit.
Es ist bereits bewiesen, dass eine Kenntnis davon,
selbst in geringem Maße, die physische und moralische
Norm der Sterblichen heben, die Langlebigkeit
steigern und den Charakter läutern und veredeln wird.

WISSENSCHAFT UND GESUNDHEIT MIT SCHLÜSSEL ZUR HEILIGEN SCHRIFT

Glück besteht darin, gut zu sein und
Gutes zu tun; nur was GOTT gibt und was
wir uns selbst und anderen durch Seinen
Reichtum geben, verleiht Glück...

BOTSCHAFT AN DIE MUTTERKIRCHE, 1902

Möge unser Leben die folgenden Fragen
recht beantworten, dann ist es bereits
gesegnet: Hast du deinem Selbst entsagt?
Bist du treu? Liebst du?

VERMISCHTE SCHRIFTEN 1883–1896

KAPITEL 2

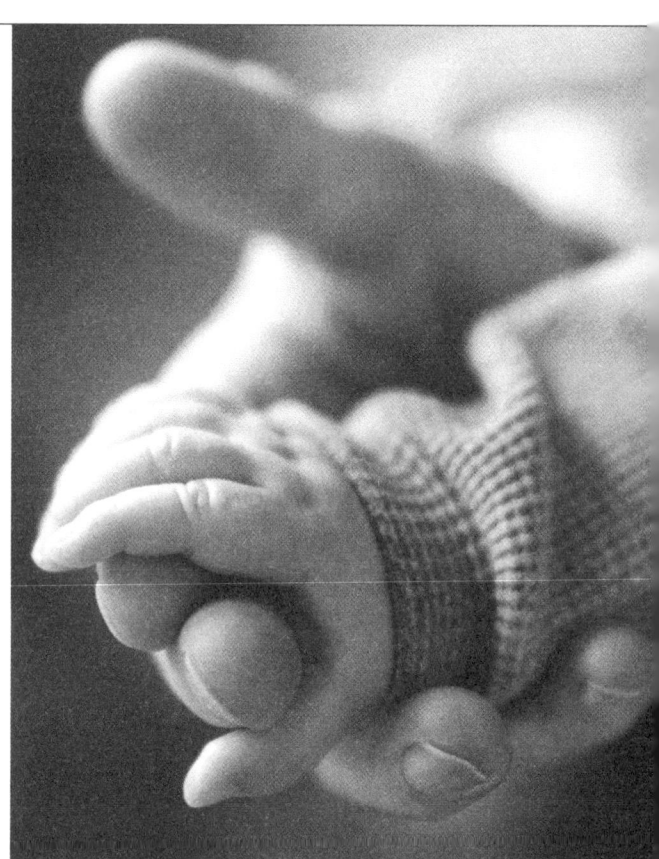

EINZIGARTIGE GEDANKEN FÜR GUTE BEZIEHUNGEN: Zitate von Mary Baker Eddy

DIE BEZIEHUNG ZU
Anderen

Menschliche Liebe wird nicht vergeblich ausgeströmt, selbst wenn sie keine Erwiderung findet. Liebe bereichert die menschliche Natur, erweitert, reinigt und erhebt sie. Die Winterstürme der Erde können vielleicht die Blumen der Zuneigung entwurzeln und sie in alle Winde verstreuen; aber dieses Zerbrechen fleischlicher Bindungen dient dazu, das Denken inniger mit GOTT zu vereinen …

WISSENSCHAFT UND GESUNDHEIT MIT SCHLÜSSEL ZUR HEILIGEN SCHRIFT

Das Heim ist der liebste Fleck auf Erden
und es sollte der Mittelpunkt, wenn auch nicht
die Grenze der Neigungen sein.

WISSENSCHAFT UND GESUNDHEIT MIT SCHLÜSSEL ZUR HEILIGEN SCHRIFT

LIEBE verliert niemals die Lieblichkeit aus den
Augen. Ihr Glorienschein ruht auf dem, was sie liebt.
Es käme uns sonderbar vor, wenn uns ein Freund
jemals anders als schön erschiene.

WISSENSCHAFT UND GESUNDHEIT MIT SCHLÜSSEL ZUR HEILIGEN SCHRIFT

Die Erde kennt keine größeren Wunder als die
der Vollkommenheit und einer ungebrochenen
Freundschaft. Wir lieben unsere Freunde, aber oft
verlieren wir sie im Verhältnis zu unserer Zuneigung.

RÜCKBLICK UND EINBLICK

Wir müssen unseren Feinden in allem und durch
alles die gleiche Liebe bezeugen wie unseren
Freunden, müssen sogar versuchen, ihre Fehler nicht
bloßzustellen, sondern ihnen Gutes zu tun,
wenn immer sich eine Gelegenheit dazu bietet.

VERMISCHTE SCHRIFTEN 1883–1896

Hasst niemanden, denn Hass ist wie eine
Pestbeule, die ihr Gift verbreitet und
schließlich tötet.

VERMISCHTE SCHRIFTEN 1883–1896

Hass kann weder den Frieden stören
noch den dicken Panzer der LIEBE
durchdringen.

THE MARY BAKER EDDY COLLECTION

Unsere schlimmsten Feinde sind die
besten Förderer unseres Wachstums.

VERMISCHTE SCHRIFTEN 1883–1896

Um zu lieben und geliebt zu werden,
muss man anderen Gutes tun.

VERMISCHTE SCHRIFTEN 1883–1896

Das Wohl anderer außer Acht zu lassen
steht im Widerspruch zu dem Gesetz GOTTES;
es vermindert daher unsere Fähigkeit, Gutes
zu tun und uns und die Menschheit zu segnen.

RÜCKBLICK UND EINBLICK

Wir sollten unsere Liebe zu GOTT an unserer Liebe zum Menschen messen ...

VERMISCHTE SCHRIFTEN 1883–1896

Verwandte Geschmacksrichtungen, Motive und Bestrebungen sind zur Bildung einer glücklichen und dauerhaften Gemeinschaft notwending. Das Schöne im Charakter ist auch das Gute; es schweißt die Bindungen der Liebe unauflöslich zusammen.

WISSENSCHAFT UND GESUNDHEIT MIT SCHLÜSSEL ZUR HEILIGEN SCHRIFT

Schönheit, Reichtum oder Ruhm sind unfähig, die Forderungen der Liebe zu erfüllen, und sie sollten niemals gegen die höheren Ansprüche des Verstandes, der Güte und der Tugend angeführt werden.

WISSENSCHAFT UND GESUNDHEIT MIT SCHLÜSSEL ZUR HEILIGEN SCHRIFT

Die Vereinigung der männlichen und weiblichen
Eigenschaften ergibt Vollständigkeit.
Das männliche Gemüt erlangt durch bestimmte
Elemente des weiblichen Gemüts eine höhere
Einstellung, während das weibliche Gemüt durch
männliche Eigenschaften Mut und Stärke gewinnt.

WISSENSCHAFT UND GESUNDHEIT MIT SCHLÜSSEL ZUR HEILIGEN SCHRIFT

Eifersucht ist das Grab der Zuneigung.

WISSENSCHAFT UND GESUNDHEIT MIT SCHLÜSSEL ZUR HEILIGEN SCHRIFT

Haltet eure Familienbande heilig;
sie führen zu höheren
Freuden: gehorcht der goldenen
Regel im menschlichen Leben,
sie wird euch viel Bitteres ersparen.

VERMISCHTE SCHRIFTEN 1883–1896

Ehrlichkeit, Selbstbeherrschung,
Tugendhaftigkeit, Güte und Selbstlosigkeit
verleihen Mann und Frau ihre Substanz ...

THE MARY BAKER EDDY COLLECTION

… Sympathien sollten sich in herzlichem Vertrauen
und Ermutigung harmonisch verbinden,
so dass jeder Partner den anderen stützt — wodurch sie
die Vereinigung der Interessen und Neigungen
heiligen, in der das Herz Frieden und Heimat findet.

WISSENSCHAFT UND GESUNDHEIT MIT SCHLÜSSEL ZUR HEILIGEN SCHRIFT

Die Ehe sollte eine Vereinigung der Herzen bedeuten.

WISSENSCHAFT UND GESUNDHEIT MIT SCHLÜSSEL ZUR HEILIGEN SCHRIFT

Die Liebe einer Mutter kann ihrem Kind nicht entfremdet werden, weil die Mutterliebe Reinheit und Beständigkeit einschließt, die beide unsterblich sind. Deshalb besteht die mütterliche Liebe unter allen Schwierigkeiten weiter.

WISSENSCHAFT UND GESUNDHEIT MIT SCHLÜSSEL ZUR HEILIGEN SCHRIFT

Enge niemals den Horizont einer edlen
Lebensauffassung dadurch ein, dass du selbstsüchtig
die ganze Zeit und alle Gedanken eines anderen
beanspruchst. Durch zusätzliche Freuden sollte
sich das Wohlwollen ausbreiten.

WISSENSCHAFT UND GESUNDHEIT MIT SCHLÜSSEL ZUR HEILIGEN SCHRIFT

Du musst gerecht sein gegen andere, sonst kannst
du nicht gerecht sein gegen dich selbst.
Wenn du verstehst, was gerecht ist,
wirst du gegen dich
und andere gerecht sein.

THE MARY BAKER EDDY COLLECTION

Weise Sprüche und Geschwätz mögen
 eher zu Boden fallen, als dass sie Ohr
und Herz erreichen, aber ein zartes,
 echtes Empfinden oder ein gütiges Wort im
rechten Augenblick gesprochen ist niemals vergeudet.

VERMISCHTE SCHRIFTEN 1883–1896

Wenn das Herz spricht, so einfach die Worte
auch sein mögen, immer ist seine Sprache denen
verständlich, die ein Herz haben.

VERMISCHTE SCHRIFTEN 1883–1896

Die geistlich Reichen helfen den Armen in
einer umfassenden Brüderlichkeit, in der alle
dasselbe PRINZIP oder denselben Vater haben;
und gesegnet ist der Mensch, der seines Bruders
Not sieht und ihr abhilft, indem er das eigene
Gute in dem des anderen sucht.

WISSENSCHAFT UND GESUNDHEIT MIT SCHLÜSSEL ZUR HEILIGEN SCHRIFT

KAPITEL

3

EINZIGARTIGE GEDANKEN FÜR GUTE BEZIEHUNGEN: Zitate von Mary Baker Eddy

DIE BEZIEHUNG ZUR

Arbeit

Der Erfolg im Leben hängt von beharrlicher Anstrengung ab, von der Nutzung des Augenblicks mehr als von irgendetwas anderem. Viel Zeit wird vertan, indem man über Nichtiges spricht, nichts Rechtes tut und unentschlossen ist im Hinblick auf das, was man tun sollte. Wenn man in der Zukunft erfolgreich sein möchte, sollte man die Gegenwart aufs Äußerste nutzen.

VERMISCHTE SCHRIFTEN 1883–1896

Es gibt keine Vortrefflichkeit ohne harte Arbeit,
und die Zeit zu arbeiten ist *jetzt*. Nur durch
ausdauernde, unablässige und ehrliche Bemühung,
nur wenn du dich weder nach rechts noch nach links
wendest, keine andere Beschäftigung oder Freude
suchst als die, die von GOTT kommt, kannst du die
Krone der Getreuen gewinnen und tragen.

VERMISCHTE SCHRIFTEN 1883–1896

Wie hätte die Zivilisation Fortschritte
machen können, wenn Denker und Entdecker,
Philosoph und Handwerker geschwiegen hätten?

THE MARY BAKER EDDY COLLECTION

Erfolg, Wohlstand und Glück folgen in den
Fußtapfen selbstloser Motive.

THE MARY BAKER EDDY COLLECTION

Geschäftig umherlaufen ist noch kein
Beweis dafür, dass viel geschafft wird.

VERMISCHTE SCHRIFTEN 1883–1896

GEMÜT ist nicht notwendigerweise
von erzieherischen Vorgängen abhängig.
Es birgt in sich alle Schönheit und Poesie sowie
die Kraft sie auszudrücken. GEIST, GOTT,
vernehmen wir, wenn die Sinne schweigen.
Wir sind alle zu mehr fähig, als wir tun.

WISSENSCHAFT UND GESUNDHEIT MIT SCHLÜSSEL ZUR HEILIGEN SCHRIFT

Es ist sprichwörtlich, dass Florence Nightingale und andere Menschenfreunde, die sich humanitärer Arbeit widmeten, in der Lage waren, Strapazen und Gefahren durchzustehen, die normale Menschen nicht hätten ertragen können, ohne daran zu Grunde zu gehen. Das erklärt sich aus der Hilfe, die sie vom göttlichen Gesetz erhielten, das sich über das menschliche Gesetz erhebt.

WISSENSCHAFT UND GESUNDHEIT MIT SCHLÜSSEL ZUR HEILIGEN SCHRIFT

Der wahre Führer in einer wahren Sache
ist der unerkannte Diener der Menschheit.
Im Hintergrund stehend, tut dieser Mensch die
Arbeit, die kein anderer tun kann oder tun will.
Eine ziellose Laufbahn gleicht der Bahn des
Kometen, der ungestüm und allein
durch den Weltraum stürzt.

VERMISCHTE SCHRIFTEN 1883–1896

> Man muss seine Mission ohne Ängstlichkeit oder Heuchelei erfüllen, denn damit das Werk gut getan wird, muss es selbstlos getan werden.

WISSENSCHAFT UND GESUNDHEIT MIT SCHLÜSSEL ZUR HEILIGEN SCHRIFT

Das Leben großer Männer und Frauen ist ein
Wunder an Geduld und Ausdauer.

VERMISCHTE SCHRIFTEN 1883–1896

… GOTT zu verstehen ist das Werk der Ewigkeit und
erfordert absolute Hingabe des Denkens,
der Energie und des Verlangens.

WISSENSCHAFT UND GESUNDHEIT MIT SCHLÜSSEL ZUR HEILIGEN SCHRIFT

Wenn das Ziel erstrebenswert ist,
dann beschleunigt die Erwartung
unseren Fortschritt. Das Ringen um WAHRHEIT
macht uns stark anstatt schwach,
lässt uns ruhen statt zu ermüden.

WISSENSCHAFT UND GESUNDHEIT MIT SCHLÜSSEL ZUR HEILIGEN SCHRIFT

Jede weitere Stufe der Erfahrung entfaltet
neue Ausblicke der göttlichen Güte und Liebe.

WISSENSCHAFT UND GESUNDHEIT MIT SCHLÜSSEL ZUR HEILIGEN SCHRIFT

KAPITEL 4

EINZIGARTIGE GEDANKEN FÜR GUTE BEZIEHUNGEN: Zitate von Mary Baker Eddy

DIE BEZIEHUNG ZUR

Welt

Hast du dir jemals diesen Himmel und diese Erde vorgestellt, von Wesen bewohnt, die unter der Herrschaft der höchsten Weisheit stehen?

WISSENSCHAFT UND GESUNDHEIT MIT SCHLÜSSEL ZUR HEILIGEN SCHRIFT

… unsere Ideen über die Gottheit werden zum Vorbild für die Menschheit.

DIE ALLGEMEINE ANSCHAUUNG DER MENSCHEN VON GOTT

Die ewige WAHRHEIT wandelt das Universum um. In dem Verhältnis, wie die Sterblichen ihre mentalen Windeln ablegen, erweitert sich der Gedanke zum Ausdruck. „Es werde Licht" ist die beständige Forderung von WAHRHEIT und LIEBE, die das Chaos in Ordnung und den Missklang in Sphärenmusik verwandelt.

WISSENSCHAFT UND GESUNDHEIT MIT SCHLÜSSEL ZUR HEILIGEN SCHRIFT

LIEBE, die von Selbstlosigkeit erstrahlt, taucht alles in Schönheit und Licht. Das Gras unter unseren Füßen verkündet schweigend: Die Sanftmütigen „werden das Land erben". Die anspruchslose Kriechheide sendet ihren süßen Duft zum Himmel. Der große Felsen gibt Schatten und Schutz. Das Sonnenlicht schimmert von der Kuppel des Domes, leuchtet in die Gefängniszelle, gleitet in das Krankenzimmer, lässt die Blume erstrahlen, verschönt die Landschaft und segnet die Erde.

WISSENSCHAFT UND GESUNDHEIT MIT SCHLÜSSEL ZUR HEILIGEN SCHRIFT

Ich werde nicht versuchen, mit Worten ein
Bild von der Herrlichkeit des sichtbaren Weltalls
zu zeichnen. Die Mühe wäre vergeblich,
und doch ist die ganze Szenerie nur das
Abbild von Ideen, eine Metapher,
die hieroglyphenhafte Aufzeichnung des
Aktes und der Meditation der Gottheit.

THE MARY BAKER EDDY COLLECTION

Mit der Substanz von GOTTES Liebe kommen wir
durch die Ordnung in der Natur in Berührung,
durch die Harmonien des Raums, das Lächeln der
Blumen, den Frieden des Flachlands, die Pracht der
Berge und den Spiegel des Morgens. Doch diese Liebe
kommt uns näher und berührt uns auf eine göttlichere
Weise als durch das Auge, nämlich in der stillen
Hingabe unseres Herzens, unserer Hoffnungen und
Freuden, in geheimer Erleuchtung, in einem neu
erwachten Verständnis der göttlichen LIEBE,
dem einzigen Lohn des LEBENS.

THE MARY BAKER EDDY COLLECTION

Die Welt ist voll von geisterhaften Männern und Frauen, voll von kleinen, umnebelten Köpfen, die — infolge ihres Materialismus — täglich an Substanz einbüßen. Wir sehen das an den allgemeinen Lebenszielen, den törichten Ambitionen populärer Meinungen, der Stimmung des Marktes, der Ungerechtigkeit der Presse ...

THE MARY BAKER EDDY COLLECTION

Nimm Reichtum, Ruhm und gesellschaftliche
Einrichtungen weg, die nicht ein Jota in der
Waagschale GOTTES wiegen, und wir gewinnen klarere
Anschauungen von PRINZIP. Zerstöre die Cliquen,
wiege Reichtum durch Ehrlichkeit auf, beurteile den
Wert entsprechend der Weisheit und wir gewinnen
bessere Anschauungen über die Menschheit.

WISSENSCHAFT UND GESUNDHEIT MIT SCHLÜSSEL ZUR HEILIGEN SCHRIFT

Die Wenigen, die in die Geschichte eingehen, haben dem menschlichen Bewusstsein einen höheren Begriff von Substanz vermittelt. Sie haben das Dasein in größerem Maße als *geistig* definiert und das Glück als *selbstlos*.

THE MARY BAKER EDDY COLLECTION

Weltreiche zerfallen aus Mangel an
moralischer Stärke. Das Rechte allein
ist unwiderstehlich, beständig, ewig.

VERMISCHTE SCHRIFTEN 1883–1896

Wenn wir auf die Nationen zurückschauen,
die die Welt beherrscht haben, erkennen wir,
wie machtlos alle materiellen Mittel und
Instrumente der Macht sind, wenn es kein
Fundament für das Rechte gibt, keine geistige
Kraft, die die Größe einer Nation untermauert.

THE MARY BAKER EDDY COLLECTION

Die Geschichte liefert erschreckende Beweise für die Vergänglichkeit aller bürgerlichen, politischen und religiösen Systeme, die sich auf ein unrechtes Fundament gründen. Und was recht ist, ruht immer auf der Spiritualität dieser Fundamente und deren Überbau und hat sich in dem Maße weiterentwickelt, wie sie von einer materiellen Methode zu einer geistigeren übergegangen sind und sich auf die höheren Motive und Neigungen der Menschen gegründet haben.

THE MARY BAKER EDDY COLLECTION

… vereint euch im Gebet für den Frieden: für das Ende von Feindseligkeiten und Krieg zwischen allen Völkern und religiösen Gruppen — damit die göttliche LIEBE uns zu *einer* menschlichen Familie vereint, damit wir *einen* Vater-Mutter GOTT haben, *einen* Christus, von dem die Heilige Schrift Zeugnis ablegt, und damit wir das göttliche LEBEN und die göttliche WAHRHEIT und LIEBE demonstrieren, indem wir die Kranken heilen und unsere Feinde und die ganze Menschheit segnen.

THE MARY BAKER EDDY COLLECTION

Es ist ein Fehler anzunehmen, dass GOTT Gesetze der Disharmonie schaffen würde; Missklänge werden weder von der Natur noch vom göttlichen Gesetz gestützt, wie sehr auch das Gegenteil behauptet wird.

WISSENSCHAFT UND GESUNDHEIT MIT SCHLÜSSEL ZUR HEILIGEN SCHRIFT

Jeden Wandel, den dieses Jahrhundert — oder jegliche Epoche — mit sich bringt, können wir bedenkenlos der Vorsehung GOTTES, der allgemeinen Gerechtigkeit, den Rechten des Einzelnen und staatlichen Gepflogenheiten anvertrauen.

THE MARY BAKER EDDY COLLECTION

Lass WAHRHEIT den Irrtum auf GOTTES eigene
Weise aufdecken und zerstören und lass die
menschliche Gerechtigkeit die göttliche nachbilden.
Die Sünde wird ihre volle Strafe erhalten,
sowohl für das, was sie ist, wie für das, was sie tut.

WISSENSCHAFT UND GESUNDHEIT MIT SCHLÜSSEL ZUR HEILIGEN SCHRIFT

Fortschritt sollte schmerzlos und von Leben
und Frieden begleitet sein statt von
Uneinigkeit und Tod.

WISSENSCHAFT UND GESUNDHEIT MIT SCHLÜSSEL ZUR HEILIGEN SCHRIFT

Betet für das Gedeihen unseres Landes und für seinen Sieg unter Waffen; dass Gerechtigkeit, Barmherzigkeit und Frieden weiterhin seine Regierung kennzeichnen und alle Nationen beherrschen mögen.

CHRISTIAN SCIENCE IM GEGENSATZ ZUM PANTHEISMUS

> Befähige uns zu wissen, dass GOTT — wie im
> Himmel so auf Erden — allmächtig, allerhaben ist.
>
> *WISSENSCHAFT UND GESUNDHEIT MIT SCHLÜSSEL ZUR HEILIGEN SCHRIFT*

KAPITEL 5

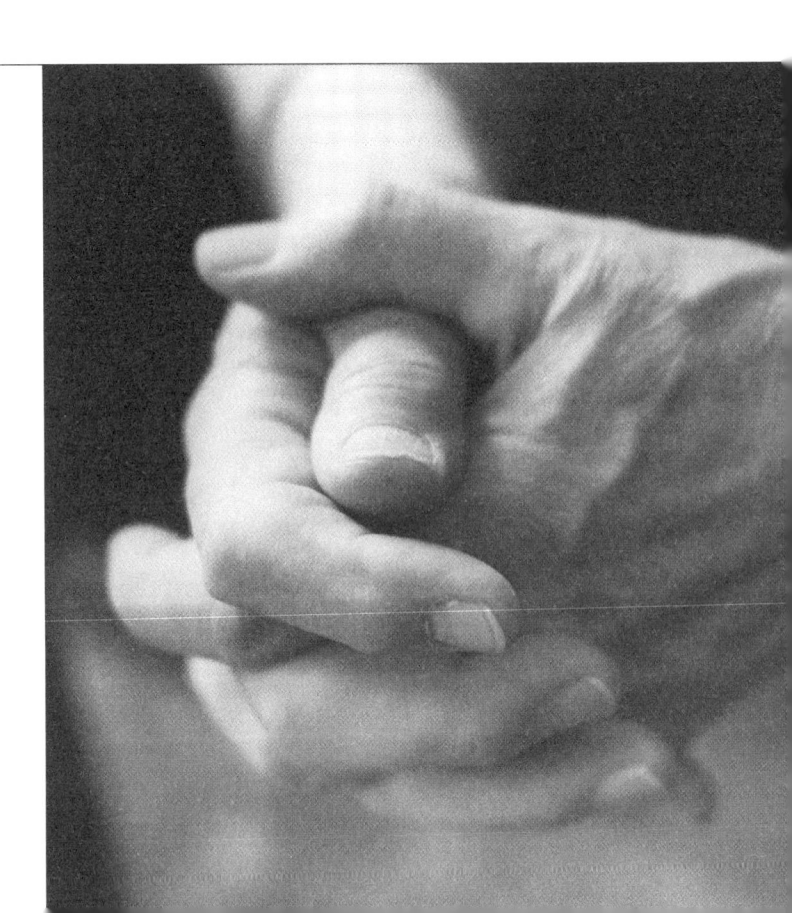

EINZIGARTIGE GEDANKEN FÜR GUTE BEZIEHUNGEN: Zitate von Mary Baker Eddy

DIE BEZIEHUNG ZU *Gott*

GOTT ist allumfassend, an keinen
Ort gebunden, durch kein Dogma
bestimmt, keiner Glaubensgemeinschaft
ausschließlich zu Eigen.

VERMISCHTE SCHRIFTEN 1883–1896

GOTT ist LIEBE. Können wir Ihn bitten mehr zu sein?
GOTT ist Intelligenz. Können wir dem unendlichen
GEMÜT irgendetwas mitteilen, was Er nicht schon
versteht? Erwarten wir, dass wir die Vollkommenheit
ändern können? Sollen wir an der offenen Quelle,
aus der schon mehr ausströmt, als wir entgegennehmen,
wirklich um noch mehr bitten?

WISSENSCHAFT UND GESUNDHEIT MIT SCHLÜSSEL ZUR HEILIGEN SCHRIFT

> Die göttliche LIEBE hat immer jeden menschlichen Bedarf gestillt und wird ihn immer stillen.
>
> *WISSENSCHAFT UND GESUNDHEIT MIT SCHLÜSSEL ZUR HEILIGEN SCHRIFT*

> Fasst Mut. GOTT führt euch vorwärts und aufwärts.
>
> *DIE ERSTE KIRCHE CHRISTI, WISSENSCHAFTLER, UND VERSCHIEDENES*

GEIST, GOTT, sammelt ungeformte Gedanken
in ihre geeigneten Kanäle und entfaltet diese
Gedanken, so wie Er die Blütenblätter eines
heiligen Vorhabens entfaltet, damit das
Vorhaben erscheine.

WISSENSCHAFT UND GESUNDHEIT MIT SCHLÜSSEL ZUR HEILIGEN SCHRIFT

LIEBE gibt der geringsten geistigen Idee Macht, Unsterblichkeit und Güte, die durch alles hindurchscheinen, wie die Blüte durch die Knospe hindurchscheint. All die vielfältigen Ausdrucksformen GOTTES spiegeln Gesundheit, Heiligkeit, Unsterblichkeit wider — unendliches LEBEN, unendliche WAHRHEIT und LIEBE.

WISSENSCHAFT UND GESUNDHEIT MIT SCHLÜSSEL ZUR HEILIGEN SCHRIFT

GOTT bringt im Menschen die unendliche Idee zum
Ausdruck, die sich unaufhörlich entwickelt,
sich erweitert und von einer grenzenlosen Basis
aus höher und höher steigt.

WISSENSCHAFT UND GESUNDHEIT MIT SCHLÜSSEL ZUR HEILIGEN SCHRIFT

Einfach darum bitten, GOTT zu lieben, wird uns niemals dahin bringen, Ihn zu lieben; aber das Sehnen, besser und heiliger zu sein, das sich in täglicher Wachsamkeit und in dem Streben äußert, mehr von dem göttlichen Charakter aufzunehmen, wird uns formen und neu gestalten, bis wir in Seinem Gleichnis erwachen.

WISSENSCHAFT UND GESUNDHEIT MIT SCHLÜSSEL ZUR HEILIGEN SCHRIFT

Betätigung, nicht Bekenntnis, Verständnis,
nicht Ansicht, erreichen das Ohr und die rechte
Hand der Allmacht und rufen sicherlich
unendliche Segnungen herab.

WISSENSCHAFT UND GESUNDHEIT MIT SCHLÜSSEL ZUR HEILIGEN SCHRIFT

Der geistige Sinn ist eine bewusste, beständige
Fähigkeit GOTT zu verstehen.

WISSENSCHAFT UND GESUNDHEIT MIT SCHLÜSSEL ZUR HEILIGEN SCHRIFT

Unausgesprochene Gedanken sind dem göttlichen
Gemüt nicht unbekannt. Verlangen ist Gebet;
und es kann uns kein Verlust daraus entstehen,
Gott unsere Wünsche anzuvertrauen, damit sie
geformt und veredelt werden, bevor sie in Worten
und Taten Gestalt annehmen.

WISSENSCHAFT UND GESUNDHEIT MIT SCHLÜSSEL ZUR HEILIGEN SCHRIFT

In dem Maße, wie unsere Ideen über die
Gottheit geistiger werden, geben wir ihnen durch
erhabenere Formen Ausdruck.

DIE ALLGEMEINE ANSCHAUUNG DER MENSCHEN VON GOTT

Für mich ist GOTT Alles. Er wird am besten als das Höchste Wesen verstanden, als unendliches und bewusstes LEBEN, als der liebende Vater und die liebende Mutter von allem, was Er erschafft ...

DIE EINHEIT DES GUTEN

> Was Ordnung, Schönheit und Gutes
> in Gedanken, Tat oder Gegenstand
> widerspiegelt, besitzt Unsterblichkeit.
>
> *THE MARY BAKER EDDY COLLECTION*

Die Zeit für Denker ist gekommen. Unabhängig von Lehrmeinungen und altehrwürdigen Systemen pocht die WAHRHEIT an die Pforte der Menschheit. Die Zufriedenheit mit der Vergangenheit und der kalte Konventionalismus des Materialismus zerfallen. Unwissenheit über GOTT ist nicht mehr das Wegzeichen zum Glauben. Die einzige Garantie für Gehorsam ist eine richtige Auffassung von Ihm, den recht zu kennen ewiges LEBEN ist. Wenn auch Reiche untergehen, „der Herr ist König ewiglich".

WISSENSCHAFT UND GESUNDHEIT MIT SCHLÜSSEL ZUR HEILIGEN SCHRIFT

GEIST segnet den Menschen, aber der Mensch
weiß nicht, „woher er kommt". Durch GEIST
werden die Kranken geheilt, die Leidenden
getröstet und die Sündigen umgewandelt.

WISSENSCHAFT UND GESUNDHEIT MIT SCHLÜSSEL ZUR HEILIGEN SCHRIFT

> Lasst uns Geduld üben; GOTT
> regiert heute und auch morgen.

THE MARY BAKER EDDY COLLECTION

> Für alle, die sich auf den erhaltenden
> Unendlichen verlassen, ist das Heute reich
> an Segnungen.
>
> *WISSENSCHAFT UND GESUNDHEIT MIT SCHLÜSSEL ZUR HEILIGEN SCHRIFT*

Wissenschaft und Gesundheit

Wissenschaft und Gesundheit mit Schlüssel zur Heiligen Schrift von Mary Baker Eddy hat über 125 Jahre lang Millionen Lesern rund um die Welt mit ihrer Gesundheit geholfen und ihr Leben umgewandelt. Es ist auch heute eines der aktuellsten Bücher über Spiritualität und Heilen und ist in den USA als eines der 75 von Frauen verfassten Bücher bezeichnet worden, deren Inhalt die Welt verändert hat (Women's National Book Association).

Wissenschaft und Gesundheit ist weltweit im Buchhandel und in Christian Science Leseräumen erhältlich.

* Bildquellenverzeichnis *

UMSCHLAG
links: Foto von Mel Curtis/Getty Images
Mitte: Foto von Mel Curtis/Getty Images
rechts: Foto von Jonnie Miles/Getty Images

DIE BEZIEHUNG ZU UNS SELBST, Seite 10
Foto von Mel Curtis/Getty Images

DIE BEZIEHUNG ZU ANDEREN, Seite 34
Foto von Mel Curtis/Getty Images

DIE BEZIEHUNG ZUR ARBEIT, Seite 60
Foto von Jonnie Miles/Getty Images

DIE BEZIEHUNG ZUR WELT, Seite 74
Foto von Charlie Borland/Index Stock

DIE BEZIEHUNG ZU GOTT, Seite 94
Foto von Mel Curtis/Getty Images